SAURIER
WISSEN VISUELL

DOUGAL DIXON

Dorling Kindersley

DORLING KINDERSLEY
London • New York • München • Melbourne • Delhi

Lektorat Simon Holland
Redaktion Charlotte Hurdman
Cheflektorat Camilla Hallinan
Chefbildlektorat Sophia Tampakopoulos
3D-Illustrationen Mark Longworth
Gestaltung Jim Green, Joanne Little,
Adrienne Hutchinson
Programmleitung Sue Grabham
Leitung Bildlektorat Mark Richards
Bildrecherche Bridget Tilly
Covergestaltung Bob Warner
DTP-Design Eric Shapland
Herstellung Dulcie Rowe

Bibliografische Information Der Deutschen Bibliothek
Die Deutsche Bibliothek verzeichnet diese Publikation
in der Deutschen Nationalbibliografie;
detaillierte bibliografische Daten sind im Internet über
http://dnb.ddb.de abrufbar.

Titel der englischen Originalausgabe:
DK Revealed: Dinosaurs

Übersetzung Cornelia Panzacchi
Redaktion Kerstin Wendsche

ISBN 3-8310-0507-9

Colour reproduction by Colourscan Singapore
Printed in China by Leo Paper Products

Besuchen Sie uns im Internet
www.dk.com

INHALT

DIE WELT DER URZEIT 6

NEUES LEBEN 8

FAMILIENGRUPPEN 10

BESONDERE KENNZEICHEN 12

IM LAUFE DER ZEIT 14

TYRANNOSAURUS KEHRT ZURÜCK...............................16

AUSGRABUNGEN 18

IM LABOR 20

ENTDECKUNGSGESCHICHTE 22

IHRE WELT......................24

KONFLIKTE 26

FOSSILIENGESCHICHTEN............. 28

NEUE THEORIEN....................... 30

GANZ NAH.........................32

BINDEGLIEDER 34

AUSGESTORBEN 36

REGISTER..................................38

Die Welt der Urzeit

Die Welt der Dinosaurier ist für uns wie ein geheimnisvolles Land, von dem uns nicht räumliche Entfernungen, sondern Millionen von Jahren trennen. Wir können es nicht selbst erleben, aber durch Fossilien, die Zusammensetzung von Gestein sowie wissenschaftliche Forschung erhalten wir einen Eindruck vom Aussehen der Erde in jener Zeit. Über einige Dinge herrscht Gewissheit. Bei anderen können Fachleute nur Vermutungen anstellen. Wir wissen, dass in den verschiedenen Abschnitten des Mesozoikums (dem Zeitalter der Dinosaurier) Tiere und Pflanzen lebten, doch über ihre Lebensweisen und Beziehungen untereinander ist uns wenig bekannt. Genau das macht die Paläontologie – die Beschäftigung mit den Lebewesen der Urzeit – so interessant. Wir werden nie alles über die Dinosaurier herausfinden, doch wird mit jeder neuen Information unser Bild über ihre Welt klarer.

Ein flugfähiges, fern gesteuertes Pteranodon-Modell – ein typischer Pterosaurier

IN DER LUFT

Die am stärksten verbreiteten fliegenden Tiere des Mesozoikums waren entfernte Verwandte der Dinosaurier: die Pterosaurier. Der typische Pterosaurier besaß ein Fell, leichte, hohle Knochen und Flügel aus dünner Haut. Die Flügel waren seitlich am Körper angewachsen und wurden von einem vierten Finger gestützt, der so dick wie der Arm war.

***Der Grüne Leguan** – eine typische Echse*

***Bildhauer und Illustratoren** orientieren sich bei der Gestaltung von Dinosaurierhaut an heutigen Tieren wie z. B. Echsen.*

***Psittacosaurus** war ein typischer Ornithopode: ein zweibeiniger, Pflanzen fressender Dinosaurier.*

„SCHRECKLICHE ECHSEN"

Der Begriff Dinosaurier bedeutet „schreckliche Echse". Dieses Wort prägten Naturkundler im 19. Jahrhundert. Beim Studium der Dinosaurier fiel ihnen auf, wie sehr deren Knochen und Zähne denen der Echsen glichen. Echte Echsen wie der Grüne Leguan und Saurier wie *Psittacosaurus* lebten zwar zur gleichen Zeit, gehörten aber unterschiedlichen Gruppen von Tieren an.

***Struktur der Corythosaurushaut**, als Abdruck erhalten*

HAUTABDRÜCKE

Fossilien können z. B. entstehen, wenn eine Pflanze oder ein Tierkadaver vor dem Zerfallen einen Abdruck hinterlässt. Die Haut eines Dinosauriers wurde nicht leicht zu einem Fossil, doch manchmal entstand ein Abdruck der Hautstruktur, wenn Erde das Tier bald nach seinem Tod bedeckt hatte. Dieser Abdruck der Haut eines *Corythosaurus* zeigt, dass er ein dichtes Mosaik von abgerundeten, nicht überlappenden Schuppen trug.

DAS MESOZOIKUM

Das Zeitalter der Dinosaurier dauerte ungefähr 160 Millionen Jahre, von der späten Trias bis zum Ende der Kreide. Im Laufe dieser langen Zeit entwickelten sich die Dinosaurier von kleinen, eidechsenähnlichen Tieren zu Riesen des Tierreichs. Der *Herrerasaurus* aus der Trias war ein früher Dinosaurier und Vorfahre der späteren zwei Hauptlinien: Ornithischier (Vogelbeckendinosaurier) wie der Pflanzen fressende Dinosaurier *Stegosaurus* und Saurischier (Echsenbeckendinosauerier) wie der *Baryonyx*.

Elasmosaurus *war ein typischer Vertreter der Fische fressenden Plesiosaurier.*

IN DEN MEEREN

Im Zeitalter der Dinosaurier wimmelte es in den Meeren vor Leben. Außer seltsamen Fischen und Tieren ohne Wirbelsäule gab es die langhalsigen Plesiosaurier, die fischähnlichen Ichthyosaurier und die schwimmenden, echsenähnlichen Mosasaurier. Sie ernährten sich von Fisch oder jagten einander gegenseitig. Doch keines von ihnen war mit den Dinosauriern verwandt.

KÖRPERFUNKTIONEN

Sauropoden waren gewaltige, vierbeinige und Pflanzen fressende Dinosaurier. Ihre enorme Größe wirft zahlreiche Fragen über ihre Lebensweise und ihre Körperfunktionen auf. Wenn z.B. *Brachiosaurus* ein warmblütiges Tier war, also so wie wir Menschen seine Körpertemperatur gleich warm halten konnte, so muss er riesige Mengen an Nahrung benötigt haben. In seiner natürlichen Umgebung wäre dafür möglicherweise nicht genügend Futter vorhanden gewesen. Aus diesem Grund widersprechen viele Paläontologen der Annahme, Sauropoden seien Warmblüter gewesen.

Brachiosaurus – ein großer Sauropode

***Größenvergleich** zwischen Brachiosaurus – einem der größten Landtiere aller Zeiten – und einem Menschen*

Neues Leben

Auf einer kleinen Insel eines seichten Sees bildete eine Gruppe von *Troodon*-Weibchen eine Brutkolonie. Wir nennen das Gebiet in Montana (USA) heute deshalb Egg Mountain (Eierberg). Die Dinosaurierweibchen gruben große flache Mulden, die sie mit bis zu 24 Eiern füllten. Sie legten immer zwei auf einmal ab und rückten dann ein Stückchen weiter rund um das Nest. In jedem Ei wuchs ein Junges (der Embryo) heran, bis sein zusammengerollter Körper das Ei ausfüllte. Es streckte sich – und das Ei brach entzwei.

NESTBAU
In einem *Troodon*-Nest war jedes Ei in die Erde eingebettet, damit es warm blieb. Nur das oberste Drittel ragte in die Luft. Eine Schicht Laub schützte die Eier vor der Witterung. Die Nester der Brutkolonie hatten etwa 2 m Durchmesser und je 2 m Abstand zueinander. So befanden sich die Eier außerhalb der Reichweite erwachsener Nachbarn.

FOSSILES *TROODON*-EI
Von diesem *Troodon*-Ei blieben nur die beiden unteren Drittel erhalten. Sie waren von Lehm bedeckt. Doch diese beiden Teile genügen den Wissenschaftlern, um das ganze Ei und den Embryo nachzubilden. Ein vollständiges *Troodon*-Ei muss 15 cm lang gewesen sein.

Dadurch, dass Minerale die dünne Schale ersetzten, blieb der Aufbau des Eis erhalten.

Der Abdruck der Knochen des linken Beins und eines Kieferteils lässt auf die Art des Tiers schließen.

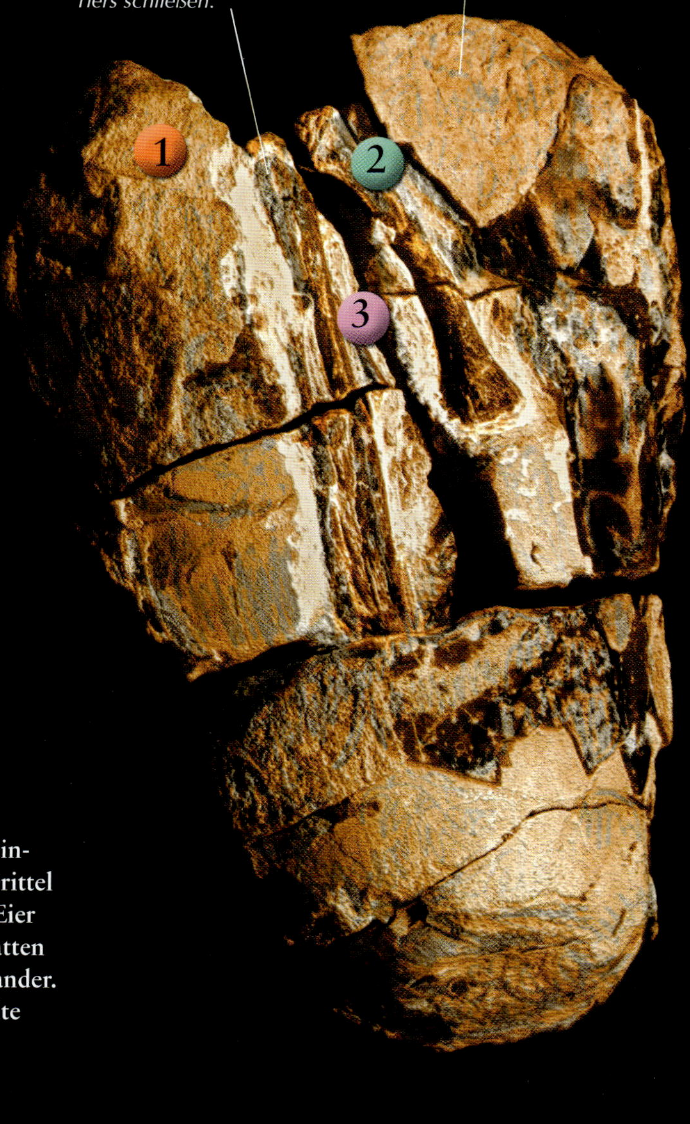

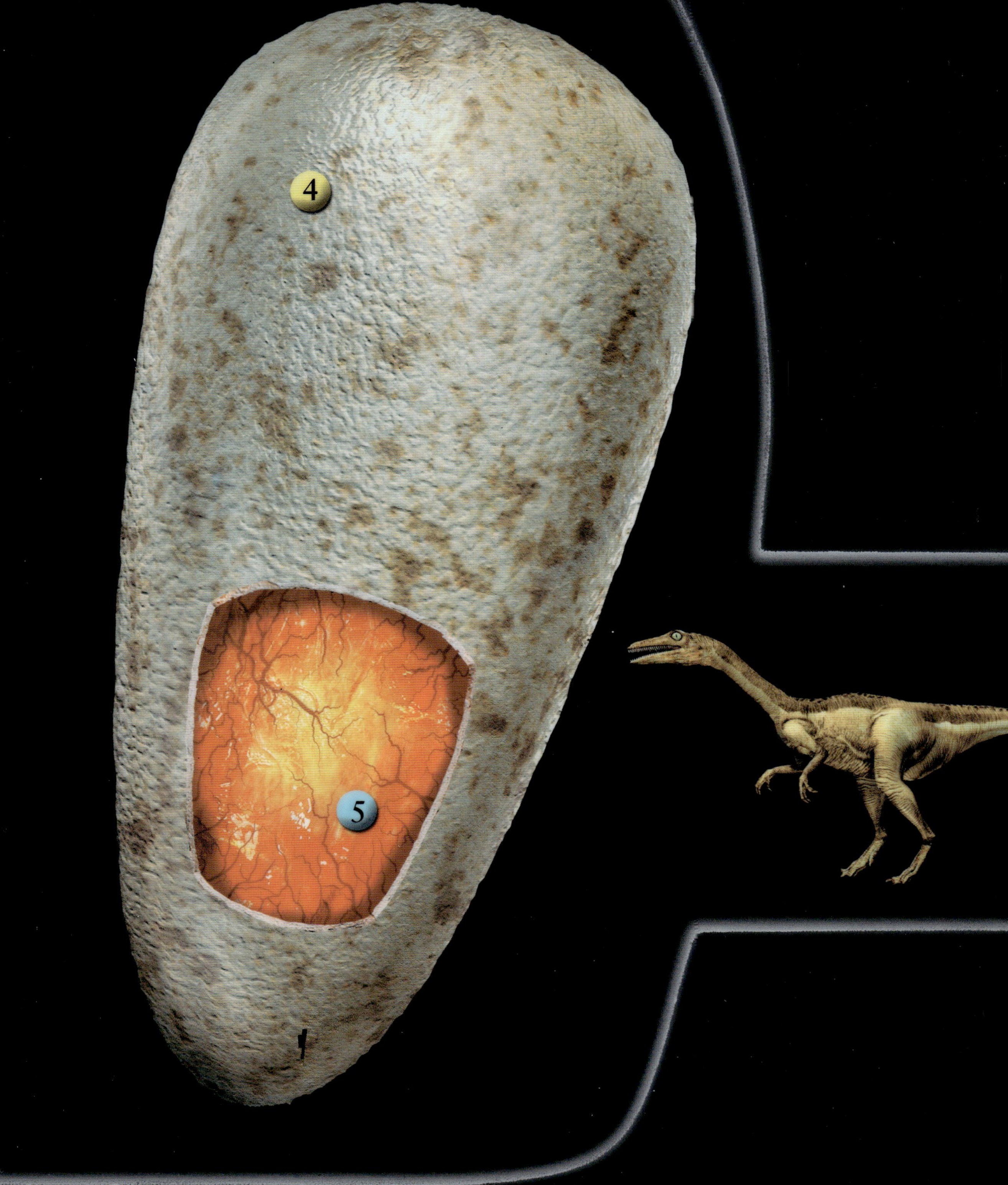
4
5

6
7

IM INNEREN EINES *TROODON*-EIS

1. **Fossile Eierschale:** *Die Schale war ähnlich wie die eines heutigen Vogeleis – eher hart und spröde als ledrig.*
2. **Knochen:** *An Schienbeinen, Bein- und Fußknochen erkennen wir, dass es sich um ein* Troodon *handelte.*
3. **Haltung des Embryos:** *Ein Abdruck des Kiefers zwischen den Beinen zeigt, auf welche Weise der Embryo zusammengerollt war.*
4. **Atmendes Ei:** *Die Eierschale war wie die eines Vogels gemustert. Winzige Poren ließen Luft hinein und hinaus.*
5. **Ernährung:** *Das Eigelb ernährte das heranwachsende Junge.*
6. **Der Embryo:** *Der ausgewachsene* Troodon-*Embryo füllte das gesamte Ei aus.*
7. **Nabelschnur:** *Durch diesen Schlauch gelangten die Nährstoffe des Eigelbs zum Embryo.*
8. **Eizahn:** *Mit dem kleinen Horn oben auf seiner Schnauze brach das Junge das Ei auf.*
9. **Krallen:** *Zähne und Krallen des* Troodon *waren noch nicht genügend entwickelt, um damit nach dem Schlüpfen Beute zu töten.*
10. **Teile der Schale: Fossile** *Reste von Eierschalen werden häufig in der Nähe von Nestern gefunden. Etwa 50–90 Prozent der Eier überlebten bis zum Schlüpfen.*

AUSSEHEN DES ERWACHSENEN TIERS

Ein ausgewachsenes *Troodon* konnte bis zu 3 m lang werden. Das Skelett ähnelt dem eines Vogels. Fossilien von *Troodon*-Verwandten weisen Abdrücke von Federn auf. Deshalb besaß *Troodon* möglicherweise ebenfalls ein Gefieder. Die Federn könnten den Körper gegen Kälte geschützt und in der Paarungszeit eine Rolle gespielt haben.

Fossile Eier *in ihrem Nest*

EXPEDITIONEN IN DIE GOBI

In den 20er-Jahren des 20. Jahrhunderts entdeckte eine Expedition des American Museum of Natural History unter der Leitung von Roy Chapman Andrews (oben rechts) in der Wüste Gobi zum ersten Mal Gelege von Dinosauriern. Der Fund bestätigte die Vermutung einiger Forscher, dass Dinosaurier ihre Eier in Nestern ablegten.

ZERBRECHLICHES BEWEISMITTEL

Die in der Wüste Gobi entdeckten, in den Sand gegrabenen flachen Nester enthielten kreisförmig angeordnete Eier. Jedes Ei war etwa so groß wie ein Schuh.

FAMILIENGRUPPEN

DIE VORSTELLUNG, DINOSAURIER seien aggressive Einzelgänger gewesen, die alles angriffen, was ihnen in die Quere kam, ist weitgehend falsch, ebenso wie das Bild vom Dinosaurier als wuchtigem Untier, das sich stur durch urzeitliche Wälder fraß. Tatsächlich scheinen viele Dinosaurier sehr gesellige Tiere gewesen zu sein, die in komplex aufgebauten Gruppen lebten. Dafür gibt es reichlich Belege, angefangen von fossilen Nistplätzen und gemeinsam umgekommenen Familien bis hin zu großen, als Fossilien erhaltenen Herden.

Oviraptor *breitete die Arme aus, damit die (nicht erhaltenen) Federn der Flügel die Eier bedeckten.*

Die Eier wurden kreisförmig auf zwei Ebenen abgelegt.

Der Gipsrand rund um das Tier hat etwa die gleichen Ausmaße wie das Nest.

Die Beine sind unter den hockenden Körper gefaltet.

ELTERLICHE FÜRSORGE

Eine Expedition fand 1993 in der Wüste Gobi das Skelett eines brütenden *Oviraptor*. Das erwachsene Tier könnte bei dem Versuch gestorben sein, seine Jungen vor einem Sandsturm oder einer Flut zu schützen. 70 Jahre lang hatten Experten gedacht, dass es sich bei den Eiern um die des Horndinosauriers *Protoceratops* handelte und der *Oviraptor*, dessen Knochen in der Nähe gefunden worden waren, bei dem Versuch, das Nest auszurauben, getötet worden sei.

NISTKOLONIEN

Diese Rekonstruktion einer *Maiasaura*-Familie basiert auf Funden aus einer Felsenregion von Montana (USA). An den Fossilien war zu erkennen, dass sich alljährlich Herden von *Maiasaura* am gleichen Ort versammelten, um zu nisten. Die Eltern umsorgten ihre Jungen noch lange nach dem Schlüpfen.

Der Name Maiasaura bedeutet „Gute Mutterechse".

***Junge Maiasaura** wurden von den Eltern aus dem Maul mit Blättern und Beeren gefüttert.*

***Bis zu 25 Eier** wurden in flache Kuhlen im Lehm gelegt und mit Pflanzenteilen abgedeckt, damit sie warm blieben.*

Nestling

Junges

Jugendliches Tier

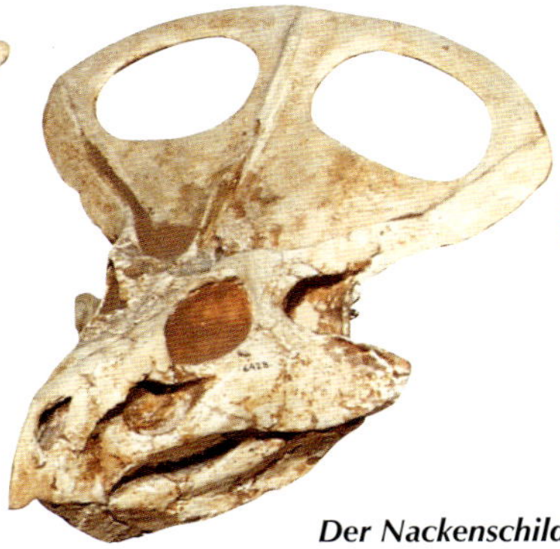

Halbwüchsiges Tier

***Der Nackenschild** war beim männlichen Protoceratops größer als beim Weibchen.*

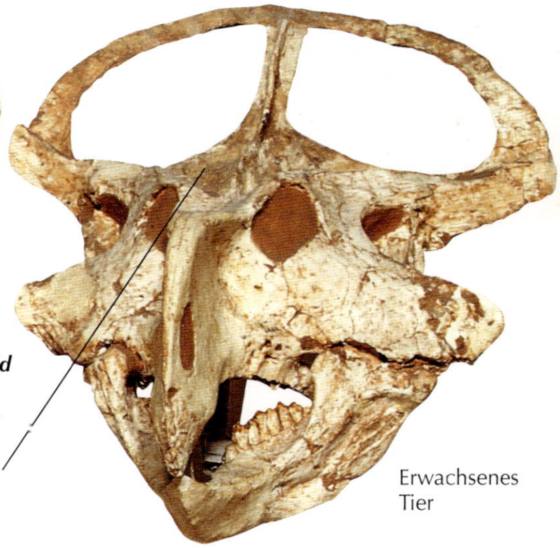

Erwachsenes Tier

GEMEINSAM AUFWACHSEN

In der Wüste Gobi wurden größere Mengen von *Protoceratops*-Schädeln gefunden. Sie stammen von Tieren aller Altersstufen – vom Nestling bis zum erwachsenen Tier – und beider Geschlechter. Vermutlich lebten sie in großen Familiengruppen oder Herden, die niedrige, zähe Pflanzen abweideten.

Mit seinen kleinen Zähnen und Krallen konnte ein Troodon-Nestling noch nicht selbst jagen.

ERNÄHRUNG

Diese Rekonstruktion einer Fossilienfundstelle in Montana (USA) geht davon aus, dass die *Troodon*-Elterntiere ihren Jungen Fleisch brachten: Sie töteten einen *Orodromeus*, einen kleinen zweibeinigen Pflanzenfresser, und schleppten ihn in die Nähe ihres Nests.

MIT DER HERDE

Pflanzenfresser wie *Pachyrhinosaurus* (unten) scheinen in großen Herden gewandert zu sein. Aufgrund der Funde von „Friedhöfen", d.h. Stellen, an denen viele Skelette lagen, nimmt man an, dass die Herden mitunter beim Überqueren von Flüssen umkamen, wie heute die Gnus in Afrika.

Ornithischier-
Schambein

VOGELBECKEN
Am scheinbar vogelähnlichen Becken eines Ornithischiers wie des *Hypsilophodon* erkennt man den Pflanzenfresser. Das Schambein weist nach hinten, damit genügend Platz für den langen Darm ist.

Saurischier-
Schambein

ECHSENBECKEN
Ein Saurischier wie *Gallimimus* ernährte sich von Fleisch und kam daher auch mit einem kürzeren Darm aus. Das Schambein weist nach unten – wie bei seinen echsenähnlichen Vorfahren.

BESONDERE KENNZEICHEN

AN DEN ZÄHNEN EINES TIERS kann man z.B. erkennen, wie alt es ist oder was es frisst. Die Art der Zähne ist je nach Nahrung unterschiedlich. Zähne sind hart und versteinern leicht. Deshalb tragen sie viel zur Erforschung der Dinosaurier bei. Auch andere anatomische Merkmale bieten Hinweise auf die Ernährungsweise. Die Form und Anordnung der Kiefer sind ebenso aufschlussreich wie die des Beckens. Man teilt Dinosaurier in zwei Gruppen ein: Alle Ornithischier (mit Vogelbecken) waren Pflanzenfresser, unter den Saurischiern (mit Echsenbecken) gab es sowohl Pflanzen- als auch Fleischfresser.

Albertosaurus *hatte scharfe gebogene Zähne, die bei Bedarf nachwuchsen.*

IM MAUL EINES FLEISCHFRESSERS
Der Schädel von *Albertosaurus* weist alle typischen Merkmale eines Fleischfresserschädels auf. Dank der langen Kiefer ließ sich das Maul weit aufsperren, sodass das Tier große Fleischbrocken verschlingen konnte. Mittels der Sägezähne ließ sich das Fleisch gut vom Knochen trennen, kräftige Vorderzähne hielten die Beute.

DIE KIEFER EINES FISCHFRESSERS
Einige Dinosaurier, wie *Suchomimus* und seine Verwandten, fraßen Fische. Dies ist durch Gräten und Schuppen belegt, die man in ihren Mägen fand. Ihre langen schmalen Kiefer waren für das Durchpflügen des Wassers ideal und die vielen kleinen Zähne hielten schlüpfrige Beute gut fest.

Die Kiefer von **Suchomimus** *erinnern an die eines Fische fressenden Krokodils.*

Ein **Velociraptor-*Angriff*** *von allen Seiten verwirrte die Beute und lenkte sie ab.*

Der lange starre Schwanz *hielt das jagende Tier im Gleichgewicht.*

Die längere Kralle *am zweiten Zeh konnte das Fleisch der Beute aufschlitzen.*

Mit dem Schnabel konnte der **Protoceratops** *einen von vorne angreifenden Feind verletzen. Sein einziger Schutz war der Nackenschild.*

ANGRIFFE DES RUDELS

Wahrscheinlich griffen viele der kleineren Fleischfresser im Rudel an, um auch große Beutetiere schlagen zu können. Der schnellfüßige *Velociraptor* gehörte der Gruppe der Maniraptoren („Greifende Hand") an. An Belegen für diese Gruppenangriffe ist erkennbar, dass diese Tiere zu den klügsten Dinosauriern gehörten, auch wenn sie nur den Intelligenzgrad der am wenigsten entwickelten heutigen Vögel besaßen. Vermutlich erlegten sie Riesen wie *Protoceratops* in Teamarbeit.

EINSAME AASFRESSER

Möglicherweise töteten Fleisch fressende Dinosaurier ihre Beute nicht selbst. Zwar war der kleine *Compsognathus* wendig genug, um Echsen zu jagen, doch könnte er auch Kadaver gefressen haben. Die sehr großen Fleischfresser wie *Tyrannosaurus* waren vielleicht ebenfalls Aasfresser. Es ist schwer, von fossilen Resten darauf zu schließen, welche Lebensweise am stärksten verbreitet war.

Compsognathus

Die meisten Fleischfresser *hatten kurze Arme.*

KAUER

Ornithopoden wie der Entenschnabeldinosaurier *Corythosaurus* verfügten über mehrere Reihen Zähne zum Raspeln und Mahlen von Pflanzen. Möglicherweise besaßen sie Backentaschen, in denen sie die Nahrung während des Kauens unterbrachten, und könnten so auch große Mengen auf einmal „verarbeitet" haben.

Backenzähne

Corythosaurus *pickte mit seinem Schnabel Nahrung auf, die er anschließend zerkaute.*

SCHLUCKER

Sauropoden wie *Diplodocus* brauchten aufgrund ihrer gewaltigen Körpermasse große Nahrungsmengen. Ihnen fehlte die Zeit zum Kauen. Sie schlangen mit den Pflanzen vermutlich auch Steine (so genannte Gastrolithen) hinunter, die das Futter dann im Magen zermahlten.

Mit den stiftartigen Zähnen riss **Diplodocus** *Blätter von den Ästen und Zweigen.*

DIE ERDE IM MESOZOIKUM
Während des Mesozoikums veränderten sich die Landmassen der Erde. Die Trias war die Zeit des Superkontinents Pangäa, der alle Landmassen der Erde auf sich vereinigte. Im Jura spaltete sich Pangäa und die einzelnen Teile schoben sich auseinander. Gegen Ende der Kreide begannen die Kontinente Umrisse zu zeigen, die allmählich den heutigen ähnelten.

Trias
vor ca. 251–200 Mio. J.: eine einzige Landmasse.

Jura
vor ca. 200–144 Mio. J.: Pangäa spaltet sich auf.

Kreide
vor ca. 144–65 Mio. J.: Die heutigen Kontinente entstehen.

Ginkgo

PFLANZENABDRÜCKE
Der 160 Millionen Jahre alte Abdruck eines Gingkoblatts zeigt, dass diese Pflanze damals fast genauso aussah wie heute. Im Allgemeinen aber kam es im Mesozoikum zu großen Veränderungen.

DIE WELT DER TRIAS
Als die ersten Dinosaurier erschienen, war Pangäa von Wüsten bedeckt und nur entlang der Küsten wuchsen verstreut Pflanzen. Zu dieser Zeit entwickelten sich auch viele andere Tiere, darunter die Flugsaurier (Pterosaurier) und die frühen Vorfahren der Säugetiere.

IM LAUFE DER ZEIT

DIE ERDE ENTSTAND vor über 4,6 Milliarden Jahren. Fast ebenso alt sind die ersten Lebensformen: Sie traten auf, sobald sich die Erde abgekühlt hatte. Dinosaurier existierten nur während eines 170 Millionen Jahre langen Abschnitts dieser gewaltigen Zeitspanne und damit ungefähr hundert Mal so lange, wie es Menschen gibt. In diesen 170 Millionen Jahren veränderte sich das Antlitz der Erde. Kontinente bewegten sich, Kimawechsel traten auf, es kam zu einer Evolution der Pflanzen. Die frühesten Dinosaurier aus der Trias hätten in den sehr unterschiedlichen Umweltbedingungen kaum überlebt, an die die späten Dinosaurier der Kreide angepasst waren.

Farnwedel

PFLANZEN DER TRIAS
In Wassernähe gediehen Farne, Baumfarne und Schachtelhalme sowie Wälder von primitiven Nadelbäumen, z. B. Araukarien.

Eudimorphon *flatterte in der Trias als einer der ersten Pterosaurier durch die Lüfte.*

PFLANZEN DES JURA

Seichte Meere und neue Ozeane füllten im Jura die Grabenbrüche zwischen den Kontinenten. Dadurch breiteten sich feuchtes Klima und üppige Vegetation weiter aus. In den Wäldern des Jura standen viele Nadelbäume – von denen die meisten den primitiven Arten der Trias ähnelten – und den Cycadeen ähnliche Pflanzen. Farne und Schachtelhalme bedeckten den Waldboden.

Cykadeenblätter

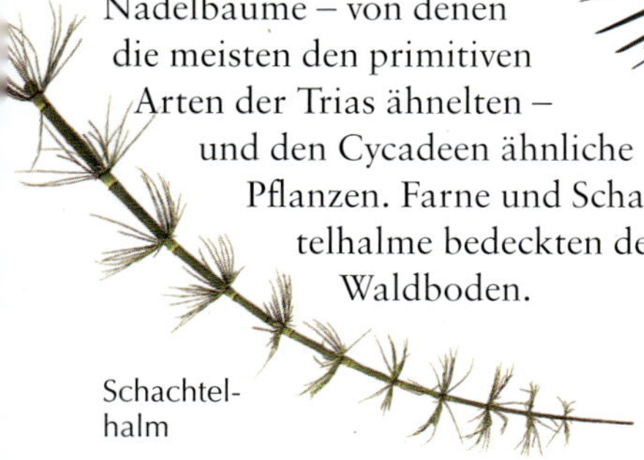

Schachtelhalm

DIE WELT IM JURA

Im Jura war die Umwelt freundlicher zu den Dinosauriern. Im warmen, feuchten Klima wuchsen Wälder aus Cycadeen, Nadel- und Mammutbäumen. Unter diesen günstigen Bedingungen entwickelten sich neue Arten riesiger, Pflanzen fressender Sauropoden wie *Apatosaurus*, *Diplodocus* und *Brachiosaurus* – die größten Landtiere aller Zeiten.

Barosaurus – ein Sauropode

Passionsblume

Magnolie

BLÜTENPFLANZEN

In der späten Kreide traten die ersten Blütenpflanzen auf. Laubbäume wie Hartriegel und Magnolien breiteten sich neben Nadelbaumarten wie Kiefern und Eiben in den Wäldern aus. Auf dem Waldboden wuchsen blühende Kräuter. Gras gab es allerdings noch nicht. Gräser erschienen erst nach dem Ende des Dinosaurier-Zeitalters.

DIE WELT DER KREIDE

In der Kreidezeit drifteten die Kontinente auseinander. Auf den einzelnen Landmassen entwickelten sich unterschiedliche Gruppen von Dinosauriern. Eine der letzten Formen dieser Periode waren die Horndinosaurier. Die Dinosaurierevolution erlebte in der Kreide ihren Höhepunkt.

TYRANNOSAURUS KEHRT ZURÜCK

EIN GEFÄHRLICH AUSSEHENDER *TYRANNOSAURUS* SCHLEICHT durch die dunklen Säle eines Naturkundemuseums. Sein rekonstruiertes Skelett hilft Forschern und Künstlern sich ein Bild vom Aussehen des lebenden *Tyrannosaurus* zu machen. Von den versteinerten Knochen ausgehend kann man seine Muskeln, die inneren Organe und die Haut mithilfe von Computergrafiken nachbilden, um einen Eindruck des Tiers zu seinen Lebzeiten zu vermitteln.

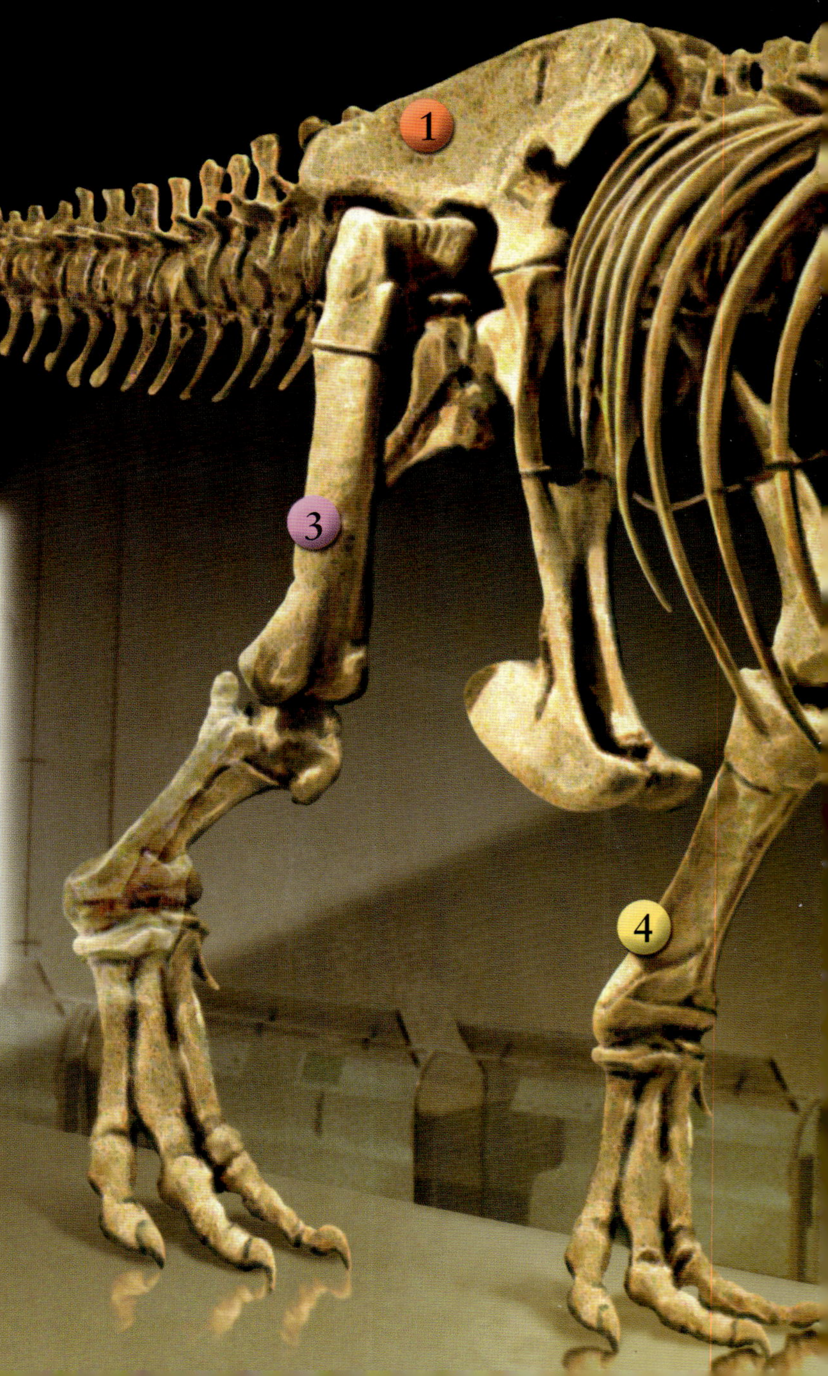

REINIGUNG DES FOSSILS
Ein Museumstechniker reinigt den Schädel eines *Tyrannosaurus*, indem er mit einem kleinen Bohrer Gesteinsteile entfernt. Bei der Ausgrabung wurden die Knochen mit schnell trocknenden Harzen verstärkt. Sieben Techniker arbeiteten über 3500 Stunden (oder etwa fünf Monate) daran, den Schädel zu säubern und zu reparieren. Für die Ausstellung wurde ein Abguss angefertigt, sodass das Fossil weiter untersucht werden kann.

DIE REKONSTRUKTION EINES *TYRANNOSAURUS*

1 **Skelett:** *Für die Rekonstruktion werden gewöhnlich leichte Abgüsse der Fossilien verwendet.*

2 **Fehlende Knochen:** *Beim Modellieren der Knochen ist man mitunter auf Vermutungen angewiesen.*

3 **Geborgte Knochen:** *Weil vollständige Skelette selten sind, verwendet man oft Knochen von Artgenossen.*

4 **Lage der Muskeln:** *Fachleute erkennen, an welchen Stellen der Knochen Muskeln angewachsen waren, und schließen daraus auf die Gestalt des Tyrannosaurus.*

5 **Oberfläche:** *Für die Umrisse des Tyrannosaurus-Körpers wird im Computer ein 3-D-Modell erzeugt.*

6 **Struktur:** *Die Hautstruktur erfährt man aus Abdrücken und Vergleichen mit lebenden Tieren.*

7 **Bewegung:** *Modellbauer gestalten die Haut mit Falten und Dehnungen, um zu zeigen, wie das Tier sich bewegte.*

8 **Farben und Details:** *Die Färbung der Haut basiert auf Vorbildern heutiger Tiere mit ähnlicher Lebensweise. Krallen, Hörner, Zähne und Augen werden hinzugefügt.*

FINDEN UND DATIEREN

Dinosaurierjäger müssen das Alter des Gesteins kennen, mit dem sie arbeiten. Sie bestimmen es mithilfe von Fossilien, die wesentlich häufiger zu finden sind als die von Dinosauriern. Manche versteinerten Tiere, wie diese Ammoniten, traten nur zu einer bestimmten Zeit auf. Daher zeigt ihr Vorhandensein in Gestein dessen genaues Alter an.

***Ammoniten** dienen häufig als Leitfossilien. Sie helfen, Gestein und Fossilien in ihrer Umgebung zu datieren.*

AUSGRABUNGEN

DAS AUFFINDEN UND BERGEN VON DINOSAURIERFOSSILIEN erfordert den Einsatz spezieller Techniken. Die Paläontologen müssen sich am Fundort vergewissern, dass das Gestein, in dem sie suchen, das richtige Alter hat. In jedem geologischen Zeitraum kommen nur bestimmte Fossilien vor. Einige dieser Fossilien dienen als Leitfossilien. Sie stammen von Arten, die so stark verbreitet waren und sich so rasch entwickelten, dass sie zuverlässige Auskunft über das Alter des Gesteins geben. Weil Dinosaurier Landtiere waren, erfolgen die meisten Ausgrabungen in Sedimentgestein, das sich in Wüsten, Sümpfen, Flüssen oder Seen ablagerte – und nicht in dem häufiger auftretenden Sediment am Meeresgrund.

FÜNDIG WERDEN

Häufig werden auch ergiebige Fundstellen ganz zufällig entdeckt – z. B. weil an einer erodierten Stelle ein Knochen herausragt. Dieser Knochen könnte auf das Vorhandensein eines vollständigen Skeletts hinweisen oder aber einfach nur ein isoliertes Fragment davon sein. Mit verschiedenen Instrumenten und Pinseln untersuchen Paläontologen die Stelle und entscheiden dann, ob sie eine Grabung vornehmen.

***Die bröckelnde Felsoberfläche** wird entfernt, um den Fund freizulegen.*

*Auf das freigelegte Fossil wird **Lack** oder **Firnis** aufgetragen, damit es nicht bricht.*

***Werkzeug** eines Paläontologen*

HANDWERKSZEUG

Das Werkzeug eines Paläontologen erinnert sowohl an das eines Steinmetzes als auch an Zahnarztinstrumente. Bei der Grabung kommen schwere Hammer und Meißel und sogar Pressluftbohrer zum Einsatz, um das Gestein zu entfernen, das das Fossil bedeckt und umgibt. Für die Feinarbeit verwendet man dann sehr feine Pinsel und Sonden.

SCHÜTZEN EINES FUNDS

Der Transport eines größeren Funds kann problematisch sein. Zum Schutz vor Beschädigung stabilisieren Paläontologen ihn mit Gipsverbänden, die somit an die Stelle des Gesteins treten, das das Fossil über Jahrmillionen hinweg konservierte. So verpackt kann das Objekt in ein Labor gebracht werden.

Elmer Riggs und Robert Thorne *(rechts) bargen um 1910 am Ufer des argentinischen Flusses Rio Quequen ein Mastodon.*

Ein stabilisiertes Fossil *kann mehrere Tonnen wiegen.*

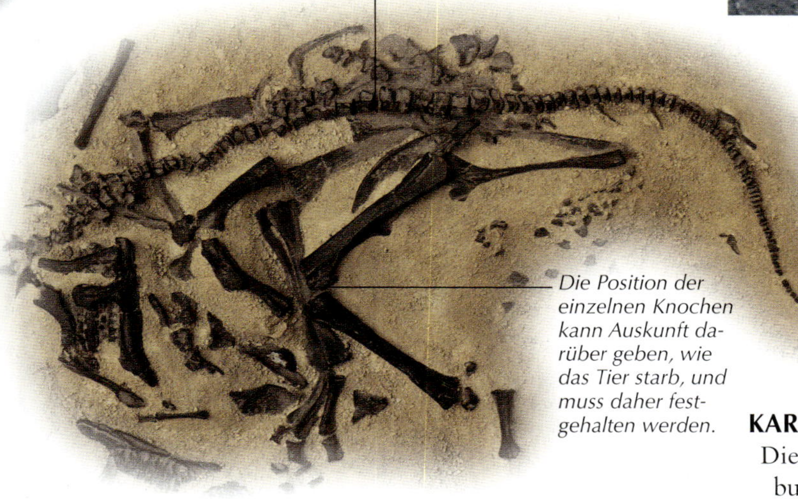

Vollständige Skelette *sind äußerst selten.*

Die Position der einzelnen Knochen kann Auskunft darüber geben, wie das Tier starb, und muss daher festgehalten werden.

FOSSILIENTRANSPORT

Ein gut erhaltenes Dinosaurierskelett, bei dem wie bei diesem Hadrosaurier auch die Gelenke erhalten sind, muss in einem Stück ins Labor transportiert werden. Sobald das gesamte Skelett freigelegt ist, wird die Oberseite mit Gips abgedeckt. Dann entfernt man das Gestein an der Unterseite und dreht das Objekt um, um auch auch auf dieser Seite Gips aufzubringen und das Skelett so zu stabilisieren.

KARTIEREN DER FUNDSTELLE

Die Forscher untersuchen das gesamte Gebiet der Ausgrabung. Dabei tragen sie die Position jedes Fundstücks in ein Raster ein und übertragen sie später auf eine Karte der Ausgrabungsstätte. Auf diese Weise können sie besser nachvollziehen, wie ein Tier an die Stelle gelangte, an der es den Tod fand. Um mehr über die Umgebung zu erfahren, in der das Tier konserviert wurde, analysieren sie Proben des benachbarten Gesteins.

Ein Paläontologenteam *kann bei einer Grabung Monate verbringen.*

Mikropaläontologen *suchen nach sehr kleinen Fossilien.*

Raster *helfen die Fundstelle zu kartieren und die Position der einzelnen Knochen zu notieren.*

Die gesamte Fundstelle wird gezeichnet und fotografiert.

VORBEREITUNG
Im klimatisierten Labor wird die Umhüllung, die zur Stabilisierung der Objekte an der Fundstelle aufgetragen wurde, vorsichtig entfernt. Anschließend reinigt man die Knochen sorgfältig mit feinen Sonden, Pinseln und Druckluft. Die Techniker geben sich größte Mühe, die Fundstücke so gründlich wie nur möglich zu säubern, ohne sie zu beschädigen.

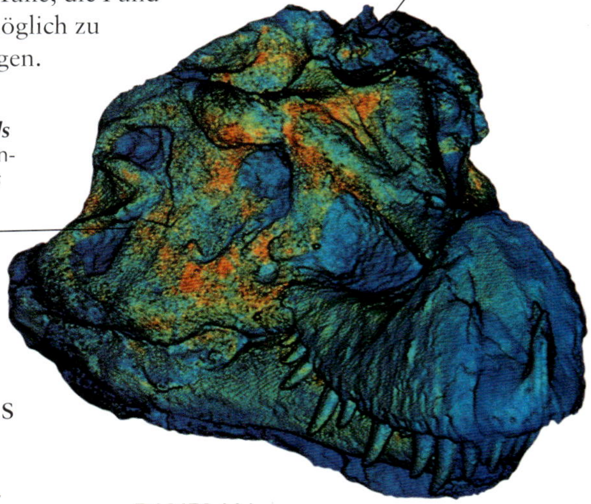

Computertomografien *ermöglichen den Technikern Innen- und Außenseite von Fossilien zu betrachten.*

Oberflächendetails *eines fossilen* Tyrannosaurus-*Schädels (Computertomografie).*

Im Labor

DAS AUSSTELLEN EINES BEEINDRUCKENDEN rekonstruierten Dinosaurierskeletts im Museum ist nicht das einzige Ziel der Paläontologen. Gewöhnlich wird das Ausstellungsstück aus Abgüssen (Kopien) der Fossilien montiert, während die kostbaren Originale zur Untersuchung ins Labor kommen. Fachleute präparieren die versteinerten Knochen sorgfältig, damit sie zu Forschungszwecken erhalten bleiben. Die Wissenschaftler beschäftigen sich auch eingehend mit Gesteinsproben, die an der Fundstelle entnommen wurden, um sich ein vollständigeres Bild von dem Tier, seiner Umwelt und seiner Lebensweise machen zu können.

BAUPLAN
Die Computertomografie ist eine der modernen Techniken, die bei der Untersuchung von Dinosaurierüberresten eingesetzt werden. Mittels eines Röntgengerätes wird das Objekt „scheibchenweise" aufgenommen. Diese Querschnitte werden dann im Computer zu einer dreidimensionalen Aufnahme des Inneren und Äußeren des Objekts zusammengesetzt. Auf einem solchen Bild kann man Details und Teile betrachten, die normalerweise verborgen bleiben – wie die Nasengänge oder das Innere des Schädels.

Dieses Skelett besteht aus Abgüssen, die von den Fossilien gemacht wurden.

Die ursprüngliche Position der Platten des Stegosaurus *konnte noch nicht endgültig ermittelt werden.*

Das Montieren der Knochenabgüsse eines Dinosaurierskeletts ist eine knifflige Arbeit. Um herauszufinden, wo die einzelnen Teile hingehören, studieren die Forscher Fossilien und heute lebende Tiere.

MUSEUMSSTÜCKE
Obwohl das aufgebaute Skelett eines Dinosauriers sehr echt wirkt, ist es eigentlich eine Fälschung. Heute stellt man kaum noch die Fossilien selbst aus, sondern fertigt aus einem stabilen und leichten Material wie Glasfiber Abgüsse davon an. Wenn Knochen fehlen, „borgt" man sie von anderen Skeletten oder lässt sie von spezialisierten Modellbauern herstellen.

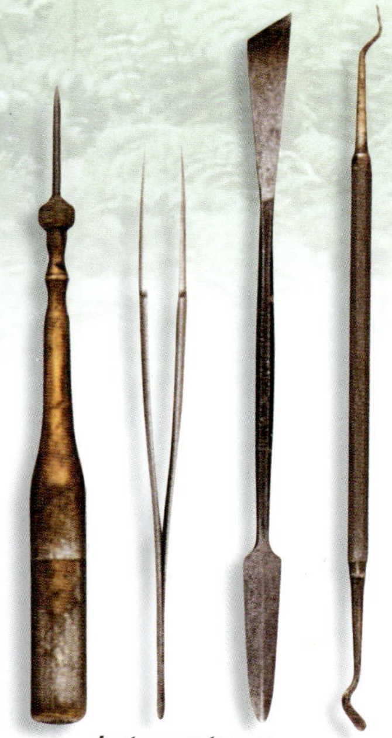

Instrumente zur Reinigung des Fossils

LETZTER SCHLIFF

Spezialisierte Techniker, die man Präparatoren nennt, bearbeiten das Fossil, damit es untersucht werden kann. Mithilfe verschiedener Instrumente und Techniken säubern und stabilisieren sie das Objekt. Sie entfernen umgebendes Gestein. Anschließend überziehen sie das Fossil mit besonderen schützenden Harzen, die es haltbar und widerstandsfähig machen.

HERSTELLUNG VON ABGÜSSEN

Die Techniker fertigen auch Abgüsse der Knochen an. Zuerst stellen sie eine Form für den Abguss her, indem sie das Fossil mit flüssigem synthetischem Gummi überziehen. Dadurch erhalten sie einen negativen Abdruck des Originals, den sie mit einer fest werdenden Modelliermasse wie z. B. Glasfiber füllen. Wenn diese erhärtet ist, schneidet man die Form auf. Der fertige Abguss entspricht in Form und Struktur dem Original.

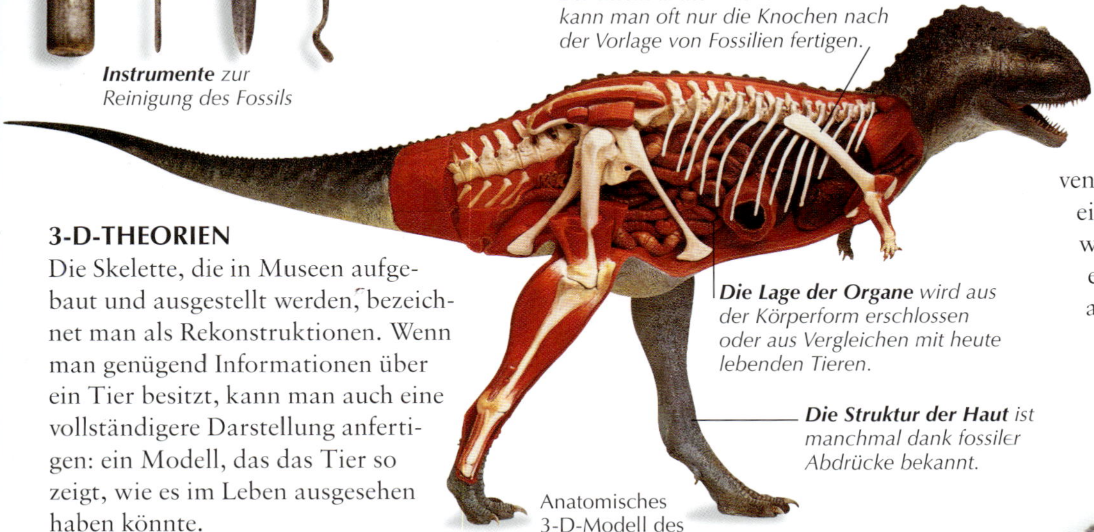

Anatomisches 3-D-Modell des *Carnotaurus*

3-D-THEORIEN

Die Skelette, die in Museen aufgebaut und ausgestellt werden, bezeichnet man als Rekonstruktionen. Wenn man genügend Informationen über ein Tier besitzt, kann man auch eine vollständigere Darstellung anfertigen: ein Modell, das das Tier so zeigt, wie es im Leben ausgesehen haben könnte.

LEBENSGROSS

Modellbauer stellen manchmal auch lebensgroße Dinosauriermodelle her. Die „Dinos“ für Freizeitparks sind zur Unterhaltung der Besucher da und in Filmen wie *Jurassic Park* werden animierte Modelle gezeigt. Dagegen müssen Nachbildungen für Museen mit großer Genauigkeit gefertigt werden, da sie über den aktuellen Stand der Forschung informieren sollen. Sie veralten, sobald neue Theorien über das Aussehen der großen Echsen entwickelt werden.

DIE KNOCHENKRIEGE
Die größten Fortschritte in der Dinosaurierforschung des 19. Jahrhunderts verdanken wir zwei rivalisierenden Wissenschaftlern: Othniel Charles Marsh (ganz links) und Edward Drinker Cope (links). Diese Männer und ihre Teams wetteiferten darum, im abenteuerlichen Wilden Westen Nordamerikas immer aufregendere Funde zu machen. Auf diese Weise wurden bis zum Ende des Jahrhunderts 130 neue Saurierarten entdeckt.

ENTDECKUNGSGESCHICHTE

DIE ENTDECKUNG „NEUER“ DINOSAURIER ist immer wie ein Abenteuer. Auch die kleinste Information stellt einen wertvollen Beitrag zu unserem Wissen dar, das auf diese Weise ständig wächst. In den frühen Tagen der Dinosaurierjagd vor über 150 Jahren suchten Forscher unbekannte Orte auf und mussten dort – wie alle Entdecker – häufig Krankheiten, Hunger und Einsamkeit ertragen. Satellitentelefone und andere technische Errungenschaften erleichtern heute den Alltag der Saurierjäger, aber die Entdeckungen unserer Tage sind ebenso aufregend wie jene der Pioniere. Noch liegt vieles im Dunkeln und jedes neue Exemplar eines Dinosauriers kann das Bild entscheidend verändern.

Kiefer und Zähne des Megalosaurus *ähnelten denen heutiger Echsen.*

ERSTE FUNDE
Das erste Dinosaurierfossil, das beschrieben wurde und einen Namen erhielt, war ein mit Zähnen besetzter Unterkiefer des *Megalosaurus*. Aufgezeichnet wurde der Fund von William Buckland 1824 in Oxford. Bereits im 18. Jahrhundert waren in England viele Fossilien gefunden, aber nicht wissenschaftlich untersucht worden.

***Der Brustkorb** war erhalten und nicht zerquetscht worden.*

Thescelosaurus *war ein flinker, Pflanzen fressender Ornithopode.*

ORGANABDRÜCKE
Gewöhnlich bleiben nur die harten Teile eines Dinosauriers – die Knochen und Zähne – als Fossilien erhalten und man stößt kaum auf konservierte Weichteile. In South Dakota (USA) wurde im Jahr 2000 ein Skelett des Ornithopoden *Thescelosaurus* gefunden. In seinem Brustkorb lag ein Klumpen, der sein Herz gewesen sein könnte. Bei anderen Funden waren Leber, Darm und einige Muskeln erhalten.

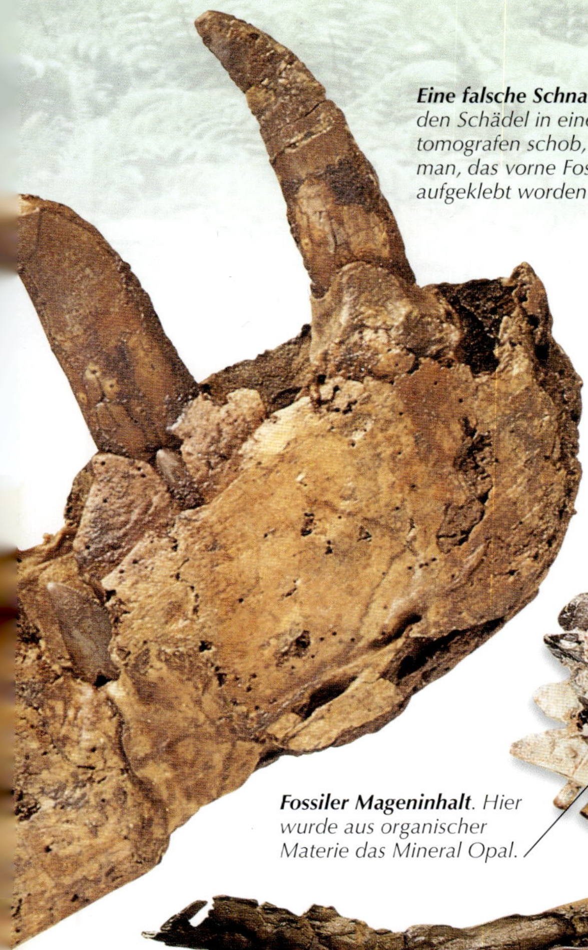

Eine falsche Schnauze: *Als man den Schädel in einen Computertomografen schob, endeckte man, das vorne Fossilienstücke aufgeklebt worden waren.*

DINOSAURIER-DETEKTIVE

Paläontologen müssen immer auf der Hut sein. Ein ihnen übergebener Schädel des *Irritator* war von seinem Finder „ausgebessert“ worden. Er hatte an verschiedenen Stellen Knochenstücke angeklebt, um den Fund interessanter zu machen und dadurch seinen Preis auf dem Fossilienmarkt in die Höhe zu treiben.

Fossiler Mageninhalt*. Hier wurde aus organischer Materie das Mineral Opal.*

Plesiosaurier

VERSCHLUCKTE HINWEISE

Gelegentlich verrät fossiler Mageninhalt etwas über die Ernährungsweise eines urzeitlichen Tiers. Plesiosaurier waren Zeitgenossen der Dinosaurier und lebten im Meer. Sie fraßen Fische und Ammoniten. Dieses Wissen verdanken wir zum einen dem Aussehen ihrer Zähne. Zum anderen wurden in einigen Skeletten versteinerte Nahrungsreste gefunden. Bei einem dieser Skelette hatte das Wasser, das durch das umgebende Gestein floss, die Reste einer Mahlzeit im Magen durch Silikat ersetzt und ein glitzerndes „Futterfossil“ aus Opal gebildet.

Mumifizierte Haut *– doch der Großteil der Hautabdeckung blieb nicht erhalten.*

Edmontosaurus *war ein Entenschnabel-Dinosaurier.*

MUMIFIZIERUNG

Bei Funden des *Edmontosaurus* in Alberta (Kanada) waren Abdrücke der Haut einiger Körperteile erhalten, darunter des Kopfs, der Schulter und der Hand. Sie lassen erkennen, dass die Haut von runden Schuppen bedeckt und im Bereich der Schulter sehr faltig war. Außerdem fand man die Überreste von Polstern hinter den Hufen, die den Füßen halfen, das Körpergewicht zu tragen.

GROSSWILDJÄGER

Heute stehen Dinosaurierforschern wesentlich fortschrittlichere Hilfsmittel zur Verfügung als ihren Kollegen im 19. Jahrhundert. Sie bergen nicht nur Knochen, sondern untersuchen auch gründlich das umliegende Gestein und Gelände. Paul Sereno von der Universität von Chicago (USA) ist einer der erfolgreichsten Forscher. Er steht für dutzende Neuentdeckungen in Nordafrika.

Ein Paläontologe *der Universität von Chicago (USA)*

Paul Sereno an einer Grabungsstätte in Afrika

Ihre Welt

Zwei Fleischfresser der Art *Allosaurus* schleichen hinter einer *Camarasaurus*-Herde durch den Wald. Ein junger, unerfahrener Camarasaurier wagt sich allein in offenes Gelände. Die Allosaurier springen ihn an und verletzen ihn mit Zähnen und Krallen, bis er zusammenbricht. Dann machen sie sich über ihr Festmahl her. Wir wissen nicht sicher, wie *Allosaurus* an sein Futter kam – ob er allein oder im Rudel jagte oder aber Aas fraß –, doch erscheint diese Darstellung vorstellbar.

ANGRIFF DER ALLOSAURIER

1 **Jagdrevier:** *In dem Wald am Fluss leben räuberische Theropoden und ihre Beutetiere, die Sauropoden.*

2 **Die Räuber:** *Zwei Allosaurier arbeiten zusammen, um einen Sauropoden von seiner Herde zu trennen.*

3 **Die Beute:** *Ein großer* Camarasaurus *ist sicher, solange er bei der Herde bleibt.*

4 **Die Waffen:** *Mit Zähnen und Krallen greift* Allosaurus *seine Beute an und verletzt sie schwer.*

5 **Todesstoß:** *Der gelenkigere* Allosaurus *springt auf den müden* Camarasaurus *und tötet ihn.*

6 **Aasfresser:** *Flugsaurier und andere kleinere Tiere warten auf die Reste.*

7 **Der Wächter:** *Der kräftigere* Allosaurus *passt auf, dass keine größeren Fleischfresser die Beute stehlen.*

8 **Futter:** *Muskeln und Organe des großen Sauropoden können die Theropoden lange Zeit ernähren.*

9 **Reste:** *Die nächste Überschwemmung spült Knochen davon, die vielleicht später versteinern.*

Tyrannosaurus *war einer der größten Fleischfresser.*

***Die kurzen Arme** könnten bedeuten, dass sich* Tyrannosaurus *überwiegend von Aas ernährte.*

ERBITTERTER STREIT

Manche Dinosaurier kämpften vermutlich nicht nur gegen Tiere anderer Spezies, sondern auch gegen Artgenossen. Ein *Tyrannosaurus* verteidigte sicherlich entschlossen seine Beute oder die von ihm gefundenen Kadaver. Um sein Überleben zu sichern, wird er gegen jeden anderen *Tyrannosaurus* gekämpft haben, der daran teilhaben wollte.

KONFLIKTE

DAS TÄGLICHE ÜBERLEBEN stellte für alle Dinosaurier eine Herausforderung dar. Sowohl Pflanzenfresser als auch Fleischfresser entwickelten die unterschiedlichsten Strategien, um an Nahrung zu kommen und Angriffen von Fressfeinden aus dem Weg zu gehen. Die großen Pflanzenfresser, die durch die üppigen Wälder des Jura streiften, waren eine mögliche Nahrungsquelle räuberischer Dinosaurier. Die von den Fleischfressern ausgehende Bedrohung führte zur Herausbildung vielerlei Schutzmittel. Gleichzeitig bewirkte der Kampf um Beutetiere bei den räuberischen Arten eine Evolution wirksamer natürlicher Waffen. So kam es, dass im Laufe des Mesozoikums die verschiedensten Formen von Krallen, Zähnen und Panzerungen entstanden.

***Die Hornkralle** müsste ungefähr noch einmal halb so lang wie ihre knöcherne Basis gewesen sein.*

Fingerknochen

KILLERKRALLE

Die wichtigsten Waffen zahlreicher Fleisch fressender Theropoden („Tierfüße") waren ihre Krallen. *Allosaurus* besaß stark bemuskelte Arme, die in dreifingerige Greifhände mit enormen gebogenen Krallen ausliefen. Ein Finger war kräftiger und länger als die anderen. Der Theropode setzte seine Hände ein, um die Beute zu packen und ihr Fleisch aufzuschlitzen.

***Messerscharfe Stacheln** verliehen* Gastonia *ein Furcht erregendes Äußeres.*

AUSSER GEFAHR

Kein Fleischfresser war in der Lage, die größten Dinosaurier, wie z. B. *Barosaurus,* anzugreifen. Es war den riesigen Tieren möglich, sich aufzurichten, um einen Angreifer durch ihr Gewicht zu zerschmettern. Doch schwache, alte und sehr junge Sauropoden waren gefährdet.

Barosaurus

SCHARFE ZÄHNE

Die Zähne von Fleischfressern wie *Tyrannosaurus* hatten gesägte Kanten – wie Steakmesser. Derartige Zähne konnten Fleisch leicht durchschneiden. *Tyrannosaurus* besaß außerdem außergewöhnlich dicke und kräftige Zähne, deren gesägte Kanten gröber waren. Sie eigneten sich zum Packen, Auseinanderreißen und Zermalmen der Beute.

Fein gesägte Kanten *kennzeichnen die Zähne Fleisch fressender Dinosaurier.*

Ein Triceratops-Knochen, *von Tyrannosaurus-Zähnen benagt*

BISSSPUREN

Es gibt Beweise dafür, dass große Fleischfresser wie *Tyrannosaurus* Horndinosaurier, z. B. *Triceratops,* fraßen. An einem Beckenknochen eines *Triceratops* sind Bissspuren zu erkennen, die genau den Zähnen des *Tyrannosaurus* entsprechen. Sie können allerdings auch entstanden sein, als ein *Tyrannosaurus* vom Kadaver eines *Triceratops* fraß, den er nicht selbst erbeutet hatte.

Schwanz und Rücken *waren von einem Mosaik eng beieinander sitzender Platten geschützt.*

KIEFERBRECHER

Der Rücken eines gepanzerten Dinosauriers wie z. B. *Gastonia* war gut gegen Angriffe von Fleischfressern geschützt. Stabile Knochenplatten bedeckten Nacken, Rücken und Schwanzoberseite. Außerdem standen lange scharfe Stacheln von den Flanken und den Seiten des Schwanzes von *Gastonia* ab. Damit könnte das Tier Angreifer gezielt verletzt haben.

Der Velociraptor *hatte sich in der Rückseite des Nackenschilds des Protoceratops verkrallt.*

Der Protoceratops *hatte den Arm des Velociraptor mit dem Schnabel gepackt.*

KÄMPFENDE FOSSILIEN

Alle Zweifel daran, dass Dinosaurier gegeneinander kämpften, wurden durch diesen Fund zerstreut: ein *Protoceratops* und ein Fleisch fressender *Velociraptor*, die im Todeskampf ineinander verknäult waren. Beide scheinen während ihres Kampfes durch einen Sandsturm umgekommen zu sein.

Bruch-
stelle

SCHMERZEN

An diesem Beckenknochen eines *Iguanodon* ist ein verheilter Bruch zu erkennen. Offenbar überlebte das Tier eine größere Verletzung. Der Knochen wuchs aber nicht ganz gerade zusammen. Dies könnte das Tier etwas beeinträchtigt haben. Es lebte jedoch weiter.

DINOSAURIERKOT

Auch Tierkot versteinerte und bildete Fossilien, die man Koprolithen nennt. Sie können Knochensplitter oder mineralisiertes Pflanzenmaterial enthalten. Diese Bestandteile verraten uns einiges über die Ernährungsweise ausgestorbener Tiere.

FOSSILIENGESCHICHTEN

DIE FOSSILEN DINOSAURIERKNOCHEN verraten uns nicht nur, wie ihr Besitzer einst ausgesehen hatte. Durch sie können wir auch viel über den Gesundheitszustand und die Lebensweise des betreffenden Tiers erfahren. Die bei einer Grabung gefundenen Fossilien und Ablagerungen enthalten Hinweise auf die Ökologie eines Dinosauriers, d.h. seine Beziehungen zu seinem Lebensraum und den darin heimischen Pflanzen und Tieren. Experten erkennen, ob ein Knochen vor oder nach dem Tod beschädigt wurde. Während sich die Taphonomie mit Schäden am Kadaver befasst, untersucht die Pathologie Erkrankungen und Verletzungen, die Dinosaurier zu Lebzeiten erlitten.

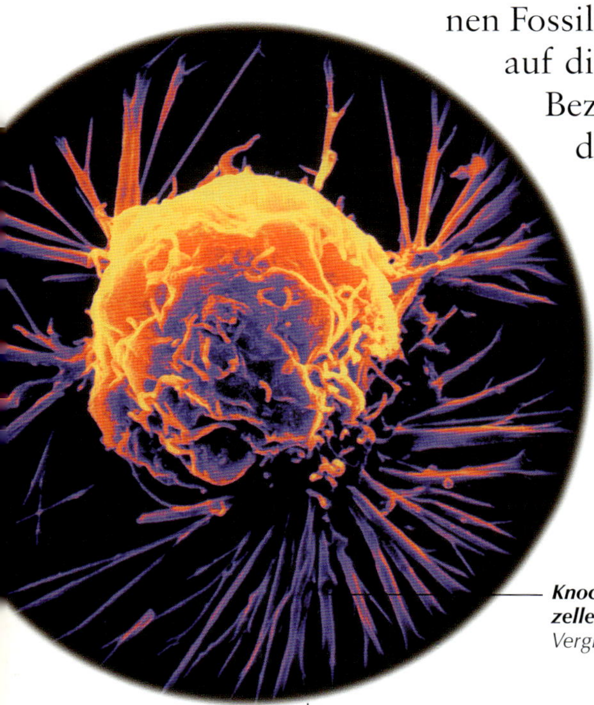

Knochenkrebszelle *in vielfacher Vergrößerung*

SCHLIMME KRANKHEITEN

Zahlreiche Krankheiten hinterlassen ihre Spuren an Knochen. Eine Schwellung – wie diese an den Schwanzwirbeln eines Hadrosauriers – zeigt, dass das Tier an Krebs litt. Der Krebs führte zur Entstehung von Tumoren im Körper.

Knochentumor: *Knochenkrebs bewirkt Schwellungen dieser Art.*

MÜDE KNOCHEN

Auch Abnutzungsspuren sind an fossilen Dinosaurierknochen zu erkennen. Dieser Fußknochen eines schwergewichtigen *Iguanodon* verrät, dass das Tier an einer Arthritis litt, die zur Entstehung von Knochenzapfen an den Zehengelenken führte. Die Krankheit könnte sich mit fortschreitendem Alter infolge der Belastung entwickelt haben.

Diese Zehenknochen *sind miteinander verwachsen.*

Coelophysis-Skelett

KANNIBALISMUS

Fossilienfunde zeugen mitunter von dramatischen Ereignissen. Ein Rudel kleiner, Fleisch fressender *Coelophysis* starb im frühen Jura in New Mexico (USA) in der Nähe eines Wasserlochs. Zwischen den Rippen eines erwachsenen Tiers – dort, wo sein Magen gewesen sein muss – lagen die Überreste eines Babys dieser Art. Hunger hatte das Tier zum Kannibalen gemacht.

***Die Knochen des jungen Dinosauriers** lagen dort, wo der Magen war.*

ZUORDNUNG

Es ist fast unmöglich, einen fossilen Fußabdruck einer bestimmten Art zuzuordnen. Die spitze Ferse und die tiefen Krallenabdrücke dieser Spur lassen vermuten, dass sie von einem Fleisch fressenden Theropoden stammt. Mehr kann man von einem derartigen Fossil nicht erfahren.

SPUREN LESEN

Fährten sind für uns die wichtigsten Zeugnisse des Verhaltens von Dinosauriern. Man kann daraus schließen, welche Arten allein oder in Herden lebten, wie schnell sie sich bewegten und in welchem Landschaftstyp sie lebten. Eine der gefundenen Fährte zeigt z. B., dass eine Gruppe kleiner Dinosaurier in wilder Flucht davonjagte, als sich ihr ein großer Fleischfresser näherte.

***Fährte** eines Rudels Fleisch fressender Dinosaurier, die alle in die gleiche Richtung liefen*

Kopf und Hals *des* Apatosaurus *mit dem richtigen Schädel*

NEUE THEORIEN

WIE SAH EIN DINOSAURIER tatsächlich aus? Wie lebte er? Welche Farbe hatte er? Diese Fragen beschäftigen die Paläontologen seit Jahrhunderten. Früher konnten sich die Forscher nur auf wenige Tatsachen stützen und mussten befürchten, dass jeder weitere Fund ihre Theorien widerlegte. Inzwischen verfügen wir über ein umfassenderes Wissen und kommen den Antworten immer näher. Mit jedem Tag, der vergeht, finden Wissenschaftler etwas Neues über die Dinosaurier heraus, das unsere Vorstellung von ihnen verändert.

GESTALTWANDEL

Als man in den 20er-Jahren des 19. Jahrhunderts verstreute Überreste eines *Iguanodon* fand, stellten sich Paläontologen den Dinosaurier als eine Art riesige Echse auf vier Beinen vor. Später, in den 80er-Jahren, führten vollständige, in Belgien gefundene Skelette zu der Vermutung, *Iguanodon* sei auf den Hinterbeinen gelaufen. Heute glaubt man, dass es ein Vierbeiner war, der kurzzeitig auf den Hinterbeinen gehen konnte.

Iguanodon ***in Känguru-Haltung*** *– ein Modell aus dem frühen 20. Jahrhundert*

Teilweise auf vier Beinen laufender **Iguanodon** *– ein Modell aus dem späten 20. Jahrhundert*

An Land lebender Corythosaurus

Im Wasser lebender Corythosaurus. *Inzwischen hält man diese Vorstellung für falsch.*

IM WASSER, ODER?

Früher nahm man an, dass *Corythosaurus* schwimmen konnte. Er schien Schwimmhäute an den Vorderfüßen gehabt zu haben, der Schwanz war abgeflacht wie bei einem Krokodil und der Kopf erinnert an den einer Ente. Später zeigte sich, dass die „Schwimmhäute" Polster waren, die das Gewicht mittrugen, außerdem war der Schwanz für Schwimmmuskeln zu schwach.

Falscher Schädel des Apatosaurus

RICHTIGER KÖRPER, FALSCHER KOPF

Etwa 50 Jahre lang war auf die in Museen ausgestellten *Apatosaurus*-Skelette ein quadratischer Schädel montiert gewesen, der dem des *Camarasaurus* ähnelte. Dabei handelte es sich aber um den falschen Kopf. Der richtige war zwar bei der Ausgrabung gefunden worden, doch glaubten die Paläontologen, dass er zu klein war, um von *Apatosaurus* zu stammen. Dinosaurierschädel bleiben aufgrund ihres leichten und zerbrechlichen Baus sehr selten erhalten. Häufig kann man über ihr tatsächliches Aussehen nur Vermutungen anstellen.

Abguss der großen Lücke im Becken

Abdruck des kleinen Gehirnkastens

EIN ZWEITES GEHIRN?

Eine Zeit lang nahm man an, dass sich in der Lücke zwischen den Hüftknochen des *Stegosaurus* ein zweites Gehirn befunden habe, das Hinterbeine und Schwanz steuerte. Dies würde erklärt haben, warum das Gehirn im Schädel so klein war. Mittlerweile glauben Paläontologen, dass in dieser Lücke ein Nervenzentrum oder eine Ansammlung von Drüsen saß.

Velociraptor konnte mit dem Gefieder *nicht fliegen, sondern es schützte ihn vor Kälte.*

***Die Beine des* Velociraptor** *könnten nackt gewesen sein – wie bei heutigen Straußen.*

Die große Zehenkralle *musste der* Velociraptor *beim Laufen erhoben halten.*

FEDERN?

Die Fachwelt ist sich heute darüber einig, dass Dinosaurier Vorfahren der Vögel sind und dass *Velociraptor* zu jener Dinosauriergruppe gehörte, die mit den heutigen Vögeln am engsten verwandt war. Knochen, Gelenke und Skelett des *Velociraptor* sind so vogelähnlich, dass seine Lebensweise der von am Boden lebenden Vögeln geglichen haben könnte. Über dieses gefiederte Modell hätte man in den 60er-Jahren des 20. Jahrhunderts gelacht. Heute halten es die meisten Forscher für richtig.

BIS AUF DIE HAUT

Wir besitzen keinerlei Hinweise dafür, welche Farben oder Muster Dinosaurier hatten. Wenn Fachleute heute ein Modell bemalen, richten sie sich nach der Färbung von Tieren unserer Zeit, die in entsprechender Umgebung eine übereinstimmende Lebensweise zeigen. Es erscheint vorstellbar, dass ein Dinosaurier, der in vergleichbarer Landschaft auf ähnliche Weise lebte, die gleiche Farbe und Zeichnung aufwies.

***Gestreifter* Velociraptor** – *nach dem Vorbild von Tigerstreifen*

***Gefleckter* Velociraptor** – *mit Leopardentupfen*

***Grüner* Velociraptor**. *Die Zeichnung lehnt sich an die heutigen Echsen, wie z. B. Krokodilen, an.*

Ganz nah

Es ist uns nicht mehr möglich, einem Saurier wie dem *Styracosaurus* so nahe zu kommen. Hätten wir das lebende Tier aber jemals aus der Nähe sehen können, so wäre ihm unsere Bewunderung gewiss gewesen. Zusammen mit den langen Knochenstacheln ließ der Nackenschild das Tier wesentlich größer und gefährlicher wirken, als es in Wirklichkeit war. Der Schild bot den Kiefermuskeln Halt und schützte die Schultern bei frontalen Angriffen. Farben und Zeichnung des Körpers waren ebenfalls lebensnotwendig – z. B. die großen „Augenflecken“, die sicher den Tieren, die es ansah, Furcht einflößten.

KOPFFORMEN
Die Ceratopsier waren Pflanzen fressende Dinosaurier mit einem Schnabel und einem knöchernen Nackenschild. Sie wiesen alle den gleichen Körperbau auf. Unterschiedlich war nur jeweils der Kopf. Einige Arten besaßen ein Horn, andere drei oder mehr, wieder andere hatten Hörner an dem Schild oder überhaupt keine Hörner. Auf diese Weise ließen sich die Ceratopsier-Herden auf den Ebenen der späten Kreidezeit voneinander unterscheiden.

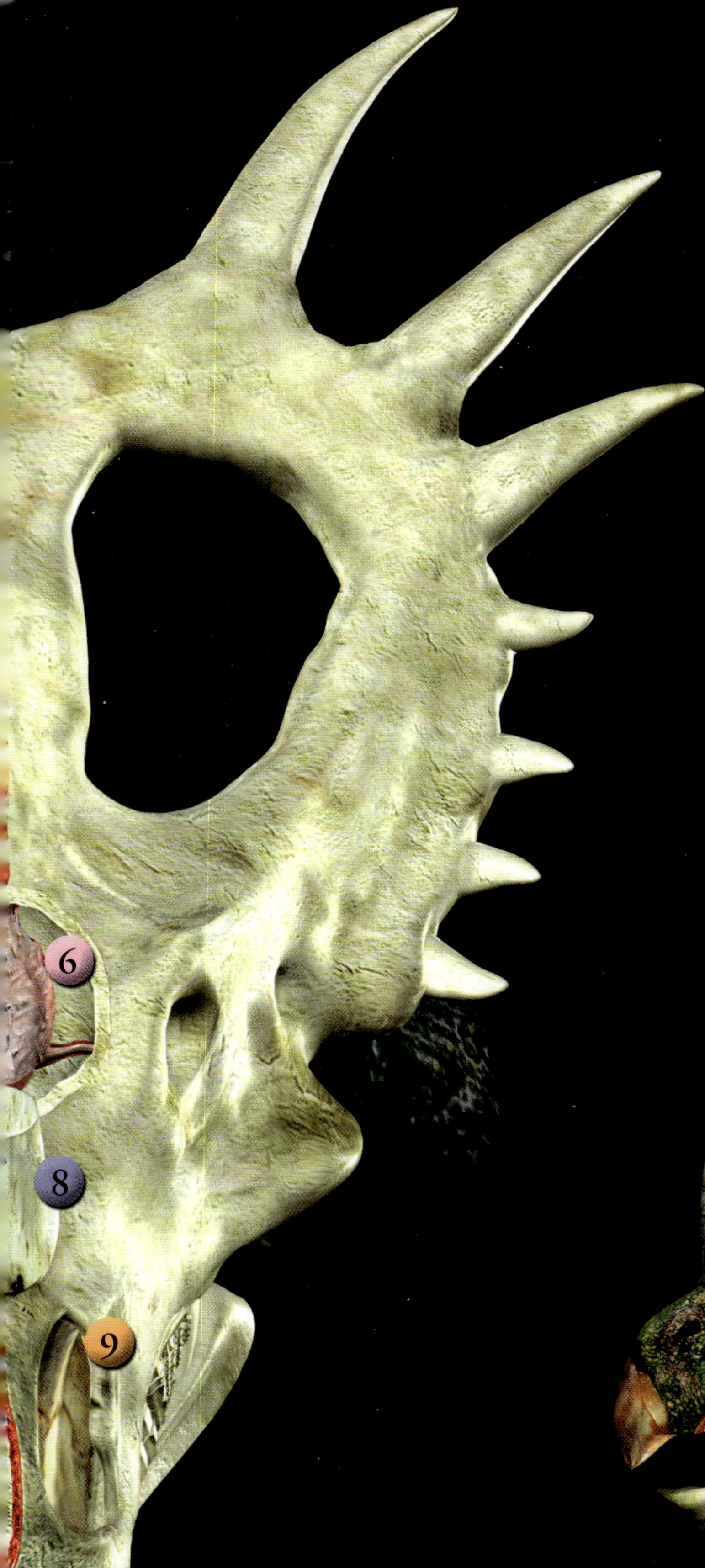

ANATOMIE EINES CERATOPSIERS

1 **Färbung:** *„Augenflecken“ und leuchtende Farben sollten Angreifern Angst machen.*

2 **„Stacheln“:** *Jedes Horn hatte einen Kern aus Knochen und war mit Horn überzogen.*

3 **Nackenschild:** *Bunte Haut bedeckte die Löcher im Nackenschild.*

4 **Gewebe:** *Die Gewebeschicht über dem Nackenschild war sehr dünn.*

5 **Kiefermuskeln:** *Die kräftigen Kaumuskeln waren an den Rändern der Löcher angewachsen.*

6 **Schädel:** *Wie alle Pflanzen fressenden Saurier hatte* Styracosaurus *ein winziges Gehirn.*

7 **Sehnerv:** *Nervenenden im Schädel liefern Informationen über die Sinne des Tiers.*

8 **Nasenhorn:** *Der knöcherne Kern des Horns war riesig. Der Hornüberzug machte es noch größer.*

9 **Nasenhöhlen:** *Löcher unter den Nasenöffnungen dienten zum Riechen oder kühlten die Atemluft.*

10 **Schnabel:** *Der Hornüberzug des vogelähnlichen Schnabels hatte scharfe Schneidekanten.*

PFLANZENFRESSMASCHINE
Bei dieser Darstellung eines *Styracosaurus* sieht man kräftige, am Nackenschild angewachsene Kaumuskeln. Dank dieser Muskeln konnte das Tier die zähen Cycadeen fressen. Die Zähne eigneten sich aufgrund ihrer Form zum Zerhacken der Nahrung, die dabei von den Backentaschen gehalten wurde. Die Zähne nutzten sich rasch ab, doch warteten im Kiefer mehrere Reihen von Ersatzzähnen auf ihren Einsatz.

MICRORAPTOR

Dieses seltsame Wesen, halb Vogel, halb Dinosaurier, wurde in China ausgegraben. Man nennt es *Microraptor*. An einem Fossil dieses kleinen Fleisch fressenden Dinosauriers erkennt man, dass Gefieder seinen Körper vollständig bedeckte und dass die Hinterbeine mit Schwungfedern versehen waren. Experten zufolge breitete das Tier alle Glieder aus, um die Form eines Gleiters anzunehmen - ähnlich wie die heutigen Flughörnchen.

***Microraptor** hatte an Armen und Beinen Federn.*

*Kiefer eines **Fleisch fressenden Dinosauriers***

Deinonychus

***Handgelenke,** die denen von Vogelflügeln ähneln*

Gebogene Krallen

BINDEGLIEDER

WER SIND DIE ENGSTEN lebenden Verwandten der Dinosaurier? Die Vögel! Noch vor 50 Jahren wären die Leute über diese Aussage entsetzt gewesen. Damals stellte man sich Dinosaurier meist als schwerfällige, wechselwarme Monster vor. Die Idee von der Verwandtschaft von Vögeln und Dinosauriern kam in den 60er-Jahren des 19. Jahrhunderts nach der Entdeckung des *Archaeopteryx* auf, doch erst als 100 Jahre später die Fossilien vogelähnlicher Dinosaurier – wie z. B. von *Deinonychus* – gefunden wurden, fand diese Vorstellung Anhänger. Heute glauben die meisten Forscher an eine solche Verbindung. Wie zur Bestätigung fand man in China Überreste urzeitlicher Tiere, die Merkmale von Dinsoauriern und Vögeln aufweisen.

***Das Skelett** von Archaeopteryx war das eines Dinosauriers.*

***Federn und Flügel** waren die eines Vogels.*

Archaeopteryx

DINO-VÖGEL

Einen Höhepunkt der Fossilienjagd stellte im 19. Jahrhundert der Fund eines versteinerten *Archaeopteryx* dar, der aus Kalksteinablagerungen in Solnhofen (Fränkische Alb) geborgen wurde. Aufgrund der Flügel und Federn, die in dem weichen Gestein erhalten geblieben waren, hielt man das Tier zunächst für einen Vogel. Allerdings besaß das Fossil auch Finger an den Flügeln, einen langen knochigen Schwanz und Zähne. Es schien eine perfekte Mischung aus Dinosaurier und Vogel zu sein.

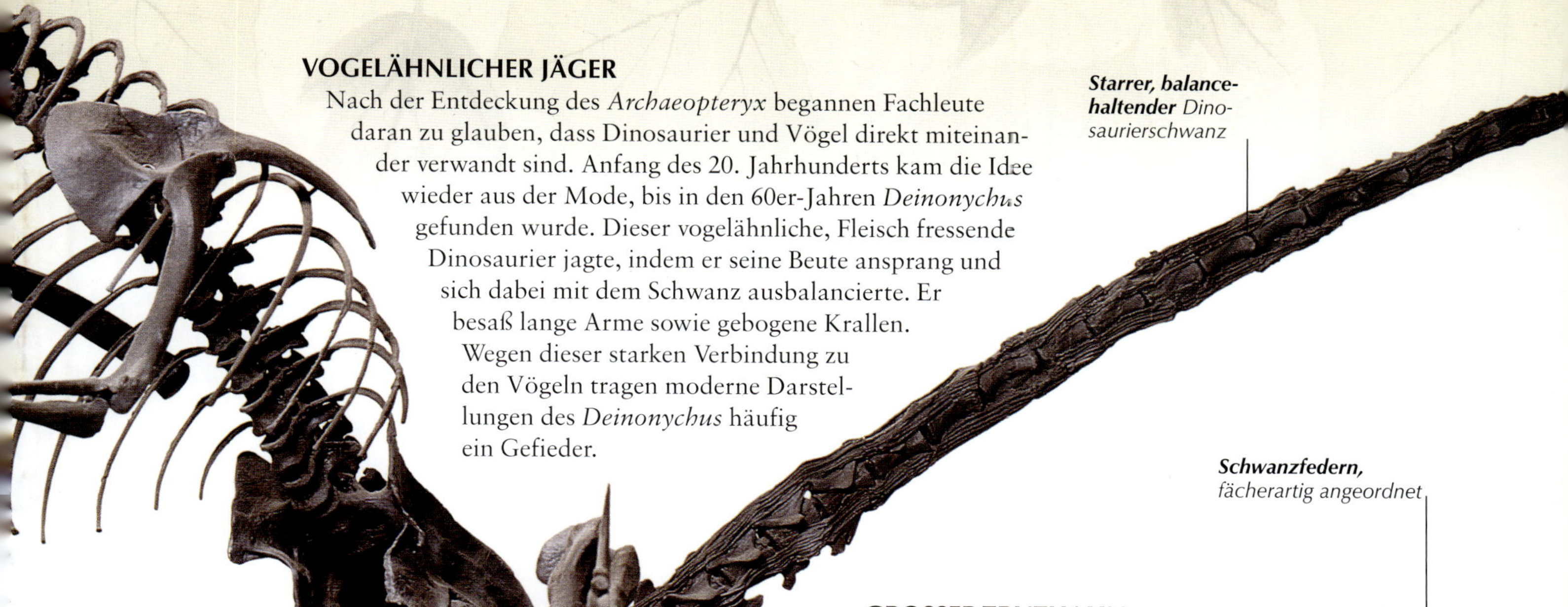

VOGELÄHNLICHER JÄGER

Nach der Entdeckung des *Archaeopteryx* begannen Fachleute daran zu glauben, dass Dinosaurier und Vögel direkt miteinander verwandt sind. Anfang des 20. Jahrhunderts kam die Idee wieder aus der Mode, bis in den 60er-Jahren *Deinonychus* gefunden wurde. Dieser vogelähnliche, Fleisch fressende Dinosaurier jagte, indem er seine Beute ansprang und sich dabei mit dem Schwanz ausbalancierte. Er besaß lange Arme sowie gebogene Krallen. Wegen dieser starken Verbindung zu den Vögeln tragen moderne Darstellungen des *Deinonychus* häufig ein Gefieder.

GROSSER TRUTHAHN

Caudipteryx ist ein typischer Vertreter der chinesischen Tiere, die halb Vogel und halb Dinosaurier waren. Das gut erhaltene Fossil weist an Armen und Schwanz Federn auf. Sie können nicht zum Fliegen gedient haben, sind jedoch vielleicht Anzeichen einer Verwandtschaft mit *Archaeopteryx*.

Caudipteryx

Dimorphodon

FLIEGENDE ARCHOSAURIER

Pterosaurier waren die fliegenden Mitglieder der Gruppe der Archosaurier und die typischen Flugtiere des Mesozoikums. Mit den Dinosauriern waren diese Geschöpfe allerdings nur entfernt verwandt. Zwischen ihnen und heutigen Vögeln besteht keinerlei Verbindung. Ihr Flugapparat war anders als jener der Vögel und bestand aus ledrigen Flughäuten, die von dem langen vierten Finger gestützt wurden. Ebenso wie Vögel waren sie warmblütige Tiere mit wärmeisolierten Körpern.

VULKANTÄTIGKEIT
Die Hälfte des Indischen Subkontinents besteht aus Lava, die vor ungefähr 65 Millionen Jahren ausströmte. Die Vulkanausbrüche müssen sich auf die Ökosysteme der Umgebung ausgewirkt haben. Möglicherweise wurden dabei viele Arten vernichtet.

AUSGESTORBEN

DAS ZEITALTER DER DINOSAURIER fand ein plötzliches Ende. Allerdings kann „plötzlich“ in der Geologie einen Zeitraum von wenigen Tagen oder auch einer halben Million Jahren bedeuten. Viele glauben, dass vor Millionen von Jahren ein Meteorit auf der Erde aufschlug. Dabei entstanden so gewaltige Umweltschäden, dass etwa 70 Prozent aller Tiere verschwanden. Es gibt jedoch auch Hinweise auf andere Ereignisse, die zu dieser Zeit passierten, darunter Vulkanausbrüche und Klimaveränderungen. Den Fossilien nach zu urteilen, existierten am Ende der Kreide weitaus weniger Dinosaurierarten als früher. Vielleicht ging es bereits mit den Dinosauriern bergab und der Meteorit beschleunigte nur eine bestehende Entwicklung.

METEORITENAUFPRALL
Die am weitesten verbreitete Erklärung für das Aussterben der Dinosaurier geht davon aus, dass ein Meteorit vor ungefähr 65 Millionen Jahren auf der Erde aufschlug. Krater auf Monden und Planeten zeigen, dass so etwas in unserem Sonnensystem relativ häufig vorkommt. Auch unser Planet weist derartige Krater auf.

Lepidotes-*Fossil,* *Knochenfisch des Mesozoikums*

WIE FOSSILIEN ENTSTEHEN
Fossilien sind Beweise für die Existenz ausgestorbener Arten. Ein Fossil kann ein hartes Teil eines Tieres sein, ein Abdruck inzwischen aufgelöster Materie oder eine Versteinerung, bei der die ursprüngliche Materie durch Minerale ersetzt wurde. Auch Fußabdrücke oder Baue können zu Fossilien werden. Diagenese nennt man den Prozess, in dessen Verlauf Ablagerungen zu Gestein und Organismen zu Fossilien werden.

STRAHLUNG

Alles Leben auf unserem Planeten ist ständig von kosmischen Strahlungen bedroht. Ihr Magnetfeld schirmt die Erde vor deren schädlicher Wirkung ab. Gelegentlich bricht das Magnetfeld zusammen und dreht sich um. Wenn dies gleichzeitig mit dem Auftreten einer starken Strahlung (z. B. einer Supernova) passiert, könnte es zu einem Massenaussterben kommen.

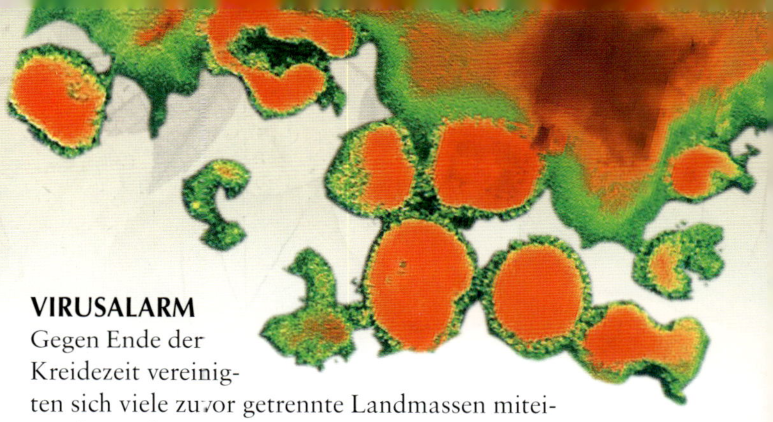

VIRUSALARM

Gegen Ende der Kreidezeit vereinigten sich viele zuvor getrennte Landmassen miteinander, sodass Tiere wandern und neue Lebensräume finden konnten. Diese Tiere verbreiteten möglicherweise unter den ursprünglich heimischen Arten Krankheiten, gegen die sie selbst immun waren. Auf diese Weise könnte es zu Epidemien gekommen sein, die schließlich zum Aussterben verschiedener Arten führten.

DIE ERFORSCHUNG DES TODES

Eine Nachbarwissenschaft der Diagenese – der Beschäftigung mit der Entstehung von Fossilien – ist die Taphonomie. Sie erforscht, was mit einem Tier nach seinem Tod passierte. Die verkrümmte Haltung dieses *Baryonyx* zeigt, dass er der Witterung ausgesetzt war und schrumpfte, bevor er von Erde bedeckt wurde.

KLIMAVERÄNDERUNG

Das Klima der Erde verändert sich ständig. Am Ende der Kreidezeit kühlte es sich ab. Danach folgte eine lange Phase mit gleich bleibendem Klima. Dadurch könnten die Dinosaurier die Fähigkeit verloren haben, sich an Klimawechsel anzupassen. In späteren Jahren waren dann die sich wandelnden Bedingungen der Kreide möglicherweise Ursache für ihr Aussterben.

ES KAM AUS DEM ALL ...

Den wichtigsten Beweis für den Aufprall eines Himmelskörpers findet man auf der mexikanischen Halbinsel Yukatan. Das unter der Oberfläche liegende Gestein weist eine Formation auf, die als Chicxulub-Krater bekannt ist und einen Durchmesser von dutzenden von Kilometern hat. Dies könnte der Überrest kreisförmiger Gebirge sein, die durch den Aufprall entstanden und so aussahen wie auf unserem Bild (links).

REGISTER

A

Aasfresser 24, 25, 26
Albertosaurus 12
Allosaurus 24–25, 26
Ammoniten 18, 23
Andrews, Roy Chapman 10
Apatosaurus 15, 30–31
Archaeopteryx 34
Archosaurier 35
Arthritis 28
Augenflecken 32, 33
Aussterben 36–37

B

Backentaschen 13
Barosaurus 15, 27
Baryonyx 7
Baue 36
Baumfarne 14
Beckenknochen 16
Belgien 30
Blütenpflanzen 15
Brachiosaurus 7, 15
Buckland, William 22

C

Camarasaurus 24–25, 31
Carnotaurus 21
Caudipteryx 35
Ceratopsier 32–33
Chicxulub-Krater 37
China 34
Coelophysis 29
Compsognathus 13
Computertomografie (CT) 20
Cope, Edward Drinker 22
Corythosaurus 6, 13, 30
Cycadeen 15

D

Datierung 18
Deinonychus 34–35
Deutschland 34
Diagenese 36
Dimorphodon 35
Dinosaurier, Wortbedeutung 6
Diplodocus 13, 15

E

Echsenbecken-Dinosaurier 7, 12
Edmontosaurus 23
Eier 8–9, 10, 11
Elasmosaurus 7
England 22
Epidemien 37
Erdgeschichte 14–15
Ernährung 23
  Pflanzen- und Fleischfresser 12–13
  der Jungen 11
Erosion 18
Eudimorphon 14

F

Fährten 29
Familiengruppen 10–11
Farbe 31
Farne 14
Fische 7
Fischfresser 12
Fleischfresser 12–13, 26–27
Fossilien 6, 14
  Abgüsse 20, 21
  Bergung 18
  Bildung 36
  Datierung 18
  „Friedhöfe“ 11
  Informationsgehalt 28–29
  Leitfossilien 18
  Präparieren 20–21
  Lösen aus Gestein 21
  Stabilisieren 19
  Transport 19
Fundstellen, Kartierung von 19
Fußabdrücke 29, 36

GH

Gallimimus 12
Gastonia 26, 27
Gastrolithen 13
Gehirn 31, 33
Ginkgo 14
Gobi (Wüste) 10, 11
Grüner Leguan 6
Hadrosaurier 19, 28
Haut 6, 23, 31
Herrerasaurus 7
Horn 33
Hörner 32, 33
Hypsilophodon 12

IJ

Ichthyosaurier 7
Iguanodon 28, 30
Intelligenz 13
Irritator 23
Jagen 13, 24–25
Jura 14, 15, 26, 34
Jurassic Park 21

K

Kämpfe 26, 27
Kanada 23
Kannibalismus 29
Kiefer 12
Klimaveränderungen 36
Knochen, Schäden an 28
Kometen 36
Koprolithen 28
Kot 28
Krallen 26
Krankheiten 28, 37
Krater 37
Krebs 28
Kreide 14, 15, 36, 37

LM

Lepidotes 36
Mageninhalt 23
Magnetfeld 37
Magnolie 15
Maiasaura 11
Mammutbaum 15
Maniraptoren 13
Marsh, Othniel Charles 22
Mastodon 19
Meerestiere 7
Megalosaurus 22
Mesozoikum 6, 7, 14, 34
Meteore 36
Mexiko 37
Microraptor 34
Mikropaläontologie 19
Modelle 21
Mosasaurier 7
Mumifizierung 23
Museen 20–21

NO

Nackenschilde 32
Nadelbäume 14, 15
Nester 10
Ökologie 28
Opal 23
Organe, konservierte 22
Ornithischier 7, 12
Orodromeus 11
Oviraptor 10

P

Pachyrhinosaurus 11
Paläontologie 6, 18–19, 20–21, 30
  Instrumente 18, 21
Pangäa 14
Panzer 27
Passionsblume 15
Pathologie 28
Pentaceratops 15
Pflanzen 14–15
Pflanzenfresser 12, 13, 26, 32–33
Plesiosaurier 7, 23
Protoceratops 10, 11, 13, 27
Psittacosaurus 6
Pteranodon 6
Pterosaurier 6, 14, 25, 35

RS

Räuberisch lebende Tiere 24–25, 26
Rekonstruktionen 16, 20, 21, 30–31
  computergenerierte 16–17, 21
Riggs, Elmer 19
Saurischier 7, 12
Sauropoden 7, 13, 15, 27
Schachtelhalm 14, 15
Schädel 11, 31
Sedimentgestein 18
Sereno, Paul 23
Silikat 23
Stacheln 26, 27
Stegosaurus 7, 31
Steine, Schlucken von 13
Strahlung 37
Styracosaurus 32–33
Suchomimus 12

T

Taphonomie 28
Theropoden 26, 29
Thescelosaurus 22
Thorne, Robert 19
Trias 7, 14
Triceratops 27
Troodon 8–9, 11
Tyrannosaurus 13, 16–17, 26, 27

UVW

Überleben 26–27
USA 23, 29
Vegetation 22, 23
Velociraptor 13, 27, 31
Versteinerung 36
Vögel, Verwandtschaft mit Dinosauriern 31, 34
Vogelbecken-Dinosaurier 7, 12
Vulkane 36
Waffen 26–27
Werkzeug von Paläontologen 18
Wirbellose 7

YZ

Yukatan (Halbinsel) 37
Zähne 12–13, 26, 27
  Ersatzzähne 33

DANK

Dorling Kindersley dankt den folgenden Personen:
Dorothy Frame für das Register und Sarah Mills für die Recherche im DK-Bildarchiv.

Bildnachweis
Der Verlag dankt außerdem den folgenden Personen, Agenturen und Institutionen für die freundliche Genehmigung, ihre Abbildungen nachzudrucken:
(o = oben, u = unten, m = Mitte, l = links, r = rechts)

alamy.com: Royal Geographical Society 10ol; **American Museum of Natural History:** 3ul, 6ul, 10ul, 27ur; **Canadian Museum of Nature, Ottawa, Canada:** Foto von R. Martin 32–33 (Folienrückseite); **Carnegie Museum:** 30o; **Corbis:** 15 Hintergrund; Tom Bean 29u; Dutheil Didier 23ur; Layne Kennedy 20ol; Gail Mooney 14m; Richard T. Nowitz 18ul, 19u; Michael T. Sedam 26u Hintergrund; Sygma / Close Murray 21u; Underwood and Underwood 19or; Michael S. Yamashita 26ul; **Dinosaur State Park:** Umschlag innen; **Christine M. Douglas:** 14–15; **© The Field Museum:** # GN89087_24c 14ul; Chris Brochu GEO 86195_3c 20or; **Boban Filipovic:** 34ol; **Getty Images:** Harald Sund 3ur, 10–11, 12–13, 14–15, 30um; **Jonathan Hateley:** 15ul; **Dave Martill / University of Portsmouth:** 23or; **Museum of the Rockies:** 8ul, 8-9 (Folienrückseite ul) 11ul, 27or; **The Natural History Museum, London:** 10or, 14ml, 21ol, 28–29, 29o; **North Carolina Museum of Natural Sciences:** 22ul; **Oxford University Museum:** 18or; **Royal Saskatchewan Museum:** 28or; **Royal Tyrrell Museum of Paleontology:** 12om,13ul, 19ml, 22–23; **Science Photo Library:** Chris Butler 3ml, 7mr, 23mr; Tony Craddock 37mr; Martin Dohrn / Stephen Winkworth 6ol; Mehau Kulyk 36ol, 37ol; S. R. Maglione 3or, 15u Hintergrund, 18–19, 20–21, 22–23; Peter Menzel 23mo; Larry Miller 29m; NIBSC 37or; Alfred Pasieka 28ml; D. Van Ravenswaay 36–37; Soames Summerhays 36or; **Senckenberg Naturmuseum:** 20ul; **David Varrichio:** Museum of the Rockies 8ur; **Yale University Peabody Museum of Natural History:** 31oml.